AF370186

LES CHINOIS,

COMEDIE

EN UN ACTE, EN VERS,
MESLÉE D'ARIETTES,

PARODIE DE L CINESE,

Par M^r. NAIGEON.

Représentée pour la premiere fois par les COMEDIENS ITALIENS ORDINAIRES DU ROI, le 18 Mars 1756.

Le prix est de 24. sols.

A PARIS,

Chez La Veuve DELORMEL, & Fils, Imprimeur de l'Académie Royale de Musique, rue du Foin.

Et PRAULT, Fils, Quai de Conti.

M. D. CC. LVI.

AVEC PRIVILÉGE DU ROI.

ACTEURS.

XIAO, *Mandarin de la Premiere Claſſe , Pere d'Ageſie.* — M^r. Rochard.

AGESIE. — Mlle. Catinon.

TAMTAM, *Amant d'Ageſie.* — M^e. Favart.

CHIMCA, *Eſclave , ſuivante d'Ageſie.* — Mlle. Deſglands.

UN INTENDANT DE XIAO , *Perſonnage muet.* — M^r. Duclos.

PLUSIEURS ESCLAVES DE XIAO.

La Scene ſe paſſe au Palais de Xiao, dans l'Appartement des Femmes.

LES CHINOIS,
COMEDIE
EN UN ACTE, EN VERS.

Le Théâtre représente un Appartement d'œré à la Chinoise, on voit dans le fond du Théâtre l'horison à travers une jalousie brisée.

SCENE PREMIERE.

XIAO, & à quelque distance son Intendant & plusiéurs Esclaves qui attendent les ordres.

XIAO, à son Intendant.

ARIETTE *du tracolo, quisto foglio &c.*

Qu'une Fête
Pour ce soir se trouve prête,

Il faudra que tu commandes
Des parfums & des guirlandes ,
Habits de cérémonie ,
Artifice & simphonie ,
Bal , festin & mascarade ;
Si tu crains la bastonnade ,   (bis)
Réponds vite à mon espoir ;
Qui t'arrête ? Sois donc habile ;
              Car ma bile   (bis)
Contre toi va s'émouvoir.
Quoi ? j'aurois dû prévoir ?
Oh ! c'est à toi de voir ,
      Fais ton devoir.

              Qu'une Fête
              Se trouve prête :
Que l'on pare ces Esclaves ,
Soyés tous lestes & braves ;
Bal , festin & mascarade ;
Si tu crains la bastonnade ,
        * La houpade ,
Que tout soit prêt pour ce soir.
              Sans réplique ,
      Que l'on s'applique ,
              Sans réplique ,
A répondre à mon espoir.
Si tu crains la bastonnade ,
          La houpade ,   (bis)
          Qui t'arrête ?
          Oui la Fête
Sans remise est pour ce soir.
Oui , oui , c'est pour ce soir   (bis)
      Fais ton devoir.

Tout ce que tu dirois seroit fort inutile.
      Ne t'excuse pas sur le tems ,
Aprends , ô le plus sot de tous les Intendans ,
Qu'avec l'argent on trouve tout facile ,

* *Suplice dont on punit les Esclaves à la Chine.*

L'argent commande au tems, aux élemens,
Et vient à bout du tout Ouvre mes coffres, prends,
Ce soir je donne un Epoux à ma Fille ;
N'épargne rien, s'il le faut, vole, pille ;
Mais qu'on me serve. Un homme tel que moi
Ne connoît point d'obstacle : il faut que le goût
  brille
Dans tout ce que j'ordonne, ou je m'en prend à toi:
Sors. Quand j'ai dit un mot, ce mot est une loi.

L'Intendant se retire avec les Esclaves.

SCENE II.

XIAO, seul.

ARIETTE, *du Chinois, gia colmo di piacer.*

JE vais, grace à ma Fille,
Accroître ma famille ;
Un tas d'enfans fourmille,
Ah ! je les vois déja.
Tandis que l'un sautille,
L'autre à l'envi babille ;
J'aurai de la famille,
Elle sera gentille
Et me ressemblera.   (3 *fois*)

Je suis, grace à ma Fille,
Grand-Pere de famille,
Un tas d'enfans fourmille,
Autour de moi sautille
En m'appellant Papa.
Je ne me sens pas d'aise,
L'un grimpe sur ma chaise   } (*bis*)

En m'appellant Papa ;
    Et me baise.
L'un grimpe sur ma chaise,
L'autre joüe au dada,
En m'appellant Papa.   (bis)

Paix là, Taisez-vous, paix là,
Paix là vous dis-je.
Encore ! Ce bruit m'afflige,
Il faut que je corrige
    (Contrefaisant la voix d'un Enfant.)
Ah ! ah ! pardon, pardon, pardon, mon grand
    Papa ;
Je ne le ferai plus. Non ? non.
    Levez-vous donc.

Je vais, &c.   (da capo.)

SCENE III.

XIAO, AGESIE, CHIMCA.

XIAO.

APproche ma chere Agesie
Il est tems que je te marie,
Et ce sera dès aujourd'hui.

AGESIE.

Dès aujourd'hui mon Pere.

XIAO.

                Eh oui ;
Cela te fâche.

AGESIE.

Oh point du tout , mon Pere;
Mais , le fort qui m'attend , fera-t'il auffi doux
Que le bonheur de refter avec vous ?

XIAO.

Ma fille , tu n'es pas fincere.

AGESIE.

Cet Epoux fçaura-t'il me plaire ?

CHIMCA.

Bon , bon , c'eft toûjours un Epoux.

XIAO.

Chimca penfe très-bien , très-jufte : ici l'ufage
Eft de fe marier au gré de fes parents ;
C'eft une coûtume fort fage.

CHIMCA.

Pas toûjours.

XIAO.

Taifez-vous efprit à contre fens.
Elle eft fort fage , & furtout pour les Grands :
L'art de fe maintenir , eft notre étude unique ,
Et nous regardons nos enfans
Comme des inftrumens de bonne politique
Qui doivent cimenter la fortune & les rangs :
Voilà le feul point néceffaire ,
En t'annonçant l'Epoux , je termine l'affaire ;
Ma volonté fuffit.

AGESIE.

Mon Pere , je m'y rends ,

Mon goût doit se soumettre au votre ;
Mais comment est-il fait cet Epoux ?

X I A O.

Comme un autre ;
Je n'ai pas pû le voir encor,
Depuis cinq ou six ans, après un long essor ;
Il revient d'un très - grand voyage ;
Mais c'est ton fait : son Pere à du crédit, de l'or,
De plus, c'est l'Empereur qui fait ce mariage ;
J'y trouve encor un avantage :
Ton Epoux est le fils du plus grand ennemi
Qu'ait jamais eu notre famille.

A G E S I E.

Vous me faites frémir.

X I A O.

Ainsi,
Leur intérêt au mien se trouve uni :
A d'autres nous nuirons en commun.   Toi ma
fille,
Sur les mesures que je prends,
Dépêche-toi d'avoir beaucoup d'enfans :
Eternise mon sang par ta progéniture.

A G E S I E.

Je n'épargnerai rien, mon Pere, je vous jure,
Pour rendre vos désirs contens.

X I A O.

Mais, c'est trop m'arrêter ; je vais trouver mon
Gendre,
Et pour t'unir à lui, je reviendrai te prendre.

ARIETTE.

Ma Fille, ma chere Fille,
Pour l'honneur de la famille,
Sois toujours d'humeur gentille :
    Sans cesse,
    Avec tendresse,
    Caresse ton Epoux,
    Avec tendresse,
    Avec adresse,
    Caresse ton Epoux.   (*bis*)
    Sans cesse, &c.
Et pour te rendre maitresse
Prends un air simple & doux.
    Si l'amour someille
    Fais qu'il se reveille,
    Rannime l'entretien,
Et tu t'en trouveras bien.
Oui, tu t'en trouveras bien.

SCENE IV.

AGESIE, CHIMCA.

CHIMCA.

Vous devez être bien charmée.

AGESIE.

L'Hymen me flate, & je suis allarmée.

CHIMCA.

Comment ! pour quoi vous effrayer ?

AGESIE.

Si l'on va me sacrifier.

CHIMCA.

Ah ! N'est pas qui veut la victime.

AGESIE.

Mais, si l'Epoux est mal fait, Cacochime,
J'éprouve en même-tems la crainte & le désir.
Dès l'enfance, au Sérail, quoique de près gardées,
Sur les hommes toûjours il nous vient des idées
Que l'instinct tâche d'éclaircir.
Encor si cet Epoux que je n'ai pû choisir . . .
Ressembloit. . . . .

CHIMCA:

Ressembloit ?

AGESIE.

Par l'âge, la figure. . . .
Mais, n'en parle à personne.

CHIMCA.

Oh non, soyez-en sûre.
Ai-je jamais rien dit de nos petits secrets.

AGESIE.

Hé bien, tu sçauras donc. . . .

CHIMCA.

Après.

AGESIE.

Hé bien. La semaine derniere,
J'étois seule en ce pavillon ;
De ce côté, sur la Riviere,
J'entends jouer un carillon,

De voir d'où le bruit part, il me prend fantaisie ;
J'approche de la jalousie,
Lorsqu'un coup de vent imprévû
L'abbat. Je vois.... je vois...

C H I M C A.

Hé-bien, Qu'avez-vous vû ?

A G E S I E.

Un jeune homme charmant étoit dans une barque;
Il l'a fait arrêter, si-tôt qu'il me remarque,
Il reste d'abord interdit ;
Mais, un instant ; car il est plein d'esprit.

C H I M C A.

Il vous a donc parlé ?

A G E S I E.

Non, il ne m'a rien dit ;
Mais pour homme d'esprit, j'ai pû le reconnoître,
Aux différens transports qu'en lui je faisois naître.

C H I M C A.

Ah ! vraiment, sans doute il suffit
Qu'il vous trouve charmante, & tout cela doit
être.

A G E S I E.

De Chinois, quoiqu'il ait l'habit,
Il n'en a point le maintien flegmatique,
Et certain air qui prévient & qui pique....

C H I M C A.

En un mot, il vous plaît, voyons ce qui s'ensuit.

A G E S I E.

Oh... rien.

CHIMCA.

Rien ?

AGESIE.

Non, j'ai vû venir mon Pere,
Je me suis retirée.

CHIMCA.

Oh, cela défespere.

AGESIE.

Paix, taifons-nous. J'entends du bruit.

CHIMCA.

Comment, comment, par la fenêtre
Un homme. . . .

AGESIE.

C'eft lui-même ! Il ofe ici paroître !

SCENE V.

AGESIE, CHIMCA, TAMTAM.

CHIMCA.

ARIETTE: *Il ma dèmi l'alluette.*

Ici que venés vous faire ?
Ah ! quelle audace eft-ce là.

AGESIE.
Hélas mon Pere le faura.

TAMTAM.
Ne craignés rien ma chere ;

AGESIE.

Sortez , sortez.

CHIMCA.

Vous excités sa colere ,
Téméraire.

AGESIE.

Il rend tous mes sens agités.
Sortez , sortez.

TAMTAM.

Mais du moins écoutés.

AGESIE.

Téméraire.

TAMTAM.

Quoi mon ardeur sincere
Vous peut-elle déplaire ?   (bis)

AGESIE.

Quel étrange embarras !
Ah ! ah , fuyons ; mais je n'ai pas
La la force de faire un pas.

CHIMCA.

Ici que venés vous faire ?
Ah !
Quelle audace est-ce là.

TAMTAM.

Aurois-je pû vous déplaire ?
C'est une ardeur sincere. . . .

AGESIE.

Ah ! comme le cœur . . me . . . bat.

CHIMCA.

Voulez-vous que j'appelle ?

AGESIE.

Qui . . . . Mais ne fais point d'éclat.

TAMTAM.
Vous êtes bien cruelle.

AGESIE.
Sortez, sortez.

CHIMCA.
Sortez, sortez.

AGESIE.
Je vais tomber en foiblesse.

TAMTAM.
Oh Ciel !

CHIMCA *à Tamtam.*

Quoi toujours vous restez ?
(*à Agesie.*) Ma Maîtresse, ma Maîtresse,
Dieux !

TAMTAM.
Hé bien je vous laisse.
Oui, oui, rassure la.

AGESIE.
Ah ! est-il bien vrai qu'il s'en va ?   (*bis.*)

CHIMCA.

Eh oui, vraiment, il se retire.

AGESIE.
Qu'il écoute un moment.

CHIMCA.

Ecoutez.

TAMTAM *revenant.*

Me voilà.

A G E S I E.

Je vous appelle pour vous dire
De Sortir au plus vite.

T A M T A M.

              Ah ! j'étois loin déja ,
Vous serez obéïe.   *Il s'éloigne.*

A G E S I E.

Ecoutez.

C H I M C A.

            Venez ça. *Tamtam revient.*

A G E S I E.

Quand vous êtes entré , vous a - t'on vû ?

T A M T A M.

                            Personne ,
J'ai saisi le moment...

A G E S I E.

              Tant d'audace m'étonne ,
Partez de même... un mot... mais... quelqu'un
vous verra.

T A M T A M.

Ne craignez rien.

A G E S I E.

              Je crois qu'il est de la prudence
D'attendre au soir.

T A M T A M.

            Non , non, je vous offense ,
Et votre Pere le sçaura.

AGESIE.
Non, mon Pere est sorti.

TAMTAM.
Quelqu'un me surprendra ;
Je sens qu'il est de conséquence...

AGESIE.
Nul Esclave ici n'entrera.

TAMTAM.
Mais, si vous tombez en foiblesse.

CHIMCA.
Hé bien, cela se passera.

TAMTAM.
Tenez je vois que mon aspect vous blesse.

AGESIE.
Eh non, vous dis-je.

CHIMCA.
Enfin nous y voilà.

TAMTAM.
Ah ! quel bonheur !

AGESIE.
Je ne prétens point dire...

CHIMCA.
Voyons où ceci va conduire.

TAMTAM

TAMTAM.

ARIETTE du Chinois : *Zerbinotti d'oggidi.*

Que je baise cette main ,
Mais , pourquoi cet air mutin ?
Que vous sert-il d'être belle
Si vous êtes si cruelle.
Mais , personne ne nous voit.
Qu'elle est farouche !
Que je touche
Seulement le bout du doigt.
Mais personne ne nous voit.
Que vous sert-il d'être belle
Si vous êtes si cruelle ;
Vous souffrez de vos rigueurs.
C'est à notre âge
Que l'on s'engage ,
Le Printems est pour les fleurs ,
Et l'Amour est pour nos cœurs.
La sagesse
Pour la Vieillesse ,
La tendresse
Pour nos cœurs.

AGESIE.

Doucement , doucement.

TAMTAM.

Quel offence nouvelle.

AGESIE.

Vous êtes bien hardi ! Finissez ou j'appelle.
Jusqu'au moment où vous puissiez sortir ,
Par pitié pour vos jours , je veux bien vous souf-
frir ;
Mais à condition : si de votre tendresse ,
Vous osez dire un mot , je sçaurai vous punir.

B

TAMTAM.

Quoi ! mon amour...

AGESIE.

N'a rien qui m'intéresse.
Dans un profond respect, sçachez vous contenir.

TAMTAM.

Ah ! comment se contraindre en voyant ce qu'on
aime !

Un mot peut m'échaper, un mot.

AGESIE.

Un mot vous perd.

TAMTAM.

Un soupir, un regard.

AGESIE.

De même.

TAMTAM.

Je tâcherai d'obéïr.

CHIMCA, *bas à Agesie.*

A quoi sert
de tant dissimuler parlons à cœur ouvert.

TAMTAM.

En France où j'ai fait un voyage
Le sexe n'est pas si sauvage.

AGESIE.

En France dites vous ?

TAMTAM.

Que ces climats heureux
Sont differens du pays où nous sommes !
Les Femmes à Pekin sont esclaves des Hommes ;
Mais à Paris elles regnent sur eux.
Toutes les belles s'y font gloire
D'enchaîner mille Amans, d'exciter des désirs ;
L'Amour qui remplit leurs loisirs ,
Les conduit chaque jour de victoire en victoire ,
Dans dès tourbillons de plaisirs.

AGESIE.

Comment en liberté les Hommes & les Femmes...

TAMTAM.

S'entretiennent d'Amour du matin jusqu'au soir.

CHIMCA.

Ah ! Que c'est un pays que je voudrois bien voir.

TAMTAM.

Ici nous ignorons ce doux plaisir des ames
L'art de filer l'Amour , l'art d'occuper son Cœur
Et de preparer le bonheur.

CHIMCA.

Comment fait-on l'Amour à la Françoise.

TAMTAM à *Agesie.*

Si vous le permettez....

AGESIE.

Mais, oui : l'on est bien aise
De sçavoir d'un pays les usages, les mœurs.

TAMTAM.

Pour donner au Tableau de plus vives couleurs,
Il faudroit ne vous en déplaise,
Me seconder & me prêter du jeu.
Tenés, figurés-vous que vous êtes l'Amante ;
Moi, l'Amant.

AGESIE.

Soit.

TAMTAM.

Vous, la Suivante
Que je vais engager à proteger mon feu.

CHIMCA.

Voyons cela.

AGESIE, *va s'asseoir & prend le thé.*
Oui, oui, voyons un peu.

TAMTAM.

ARRIETTE DU CHINOIS, *mista dincanto.*
Avec adresse,
A ta Maitresse,
Avec adresse,
Peins ma tendresse.

CHIMCA.
Qui moi ! Seigneur,
J'ai trop d'honneur.

TAMTAM.
Eh quoi ! belle Suivante...

CHIMCA.
Non, non, frivole attente.

TAMTAM.
Fais mon bonheur.

CHIMCA.
Pour vous servir j'ai trop d'honneur.

ENSEMBLE.

TAMTAM. } Daigne servir ma sincere ardeur

CHIMCA. } Pour vous servir , j'ai trop d'honneur.

TAMTAM.

Sois ma ressource,
Prends cette bourse :
Mais quelle enfance.

CHIMCA.

Mais , prend-t'on en France ?

TAMTAM.

Sans résistance.

CHIMCA.

Je prends donc , Seigneur.

TAMTAM.

Oh ça, fais voir ton zele ;
Surtout , sois moi fidele.

CHIMCA.

Qui moi ! Seigneur ,
Pour vous trahir j'ai trop d'honneur.

ENSEMBLE.

CHIMCA. } Pour vous trahir j'ai trop d'honneur.

TAMTAM. } Daigne servir ma sincére ardeur.

AGESIE à *Chimca.*

Quoi vous serrez la bourse.

CHIMCA.

Est-ce qu'il faut la rendre ?

AGESIE.

Ceci n'est point une réalité.

TAMTAM.

L'Amant ne doit point la reprendre
Cela rend mieux la verité.
Alors la Soubrette obligeante
Va d'une façon engageante,

A ſa Maîtreſſe apprendre mon Amour.
   Allons parlés à votre tour.
Dites lui bien que d'une ardeur extrême
Je la cheris cent fois plus que moi même ;
Que mon cœur pour toujours s'enchaine ſous ſa
   loi,
     Dites lui.

CHIMCA.
Fiés vous à moi.

ARRIETTE, *non ſon picina.*
Sous votre empire,
Que'qu'un ſoupire
Et vous aime, vous aime
Plus que lui-même.
Qui voit vos charmes
Vous rend les armes,
Qui voit vos charmes
En perd l'eſprit.

TAMTAM.
Bon, bon.

CHIMCA, *à Tamtam.*
Ai-je bien dit ?

TAMTAM.
Oui, oui, c'eſt fort bien dit.

CHIMCA, *à Ageſie.*
Sous votre empire,
Quelqu'un ſoupire,
Et vous aime, vous aime
Plus que lui-même.
Oui, pour vous s'il s'engage
C'eſt votre ouvrage
Vous rendre hommage
Eſt-ce un outrage ?
C'eſt un devoir.
Sous votre empire,
Quelqu'un ſoupire
Eh, eh, daignés le voir.

Ne le condamnez pas du moins sans le connoître.
Il attend son arret.

AGESIE.

Hé bien il peut paroître.

CHIMCA, à Tamtam.

Venez.

TAMTAM.

L'Amant s'approche en s'inclinant bien bas.
Il faut vous prévenir qu'en voyant tant d'appas.
L'Amant de ses transports n'est pas souvent le
   maître
De ce que je dirai ne vous allarmés pas ;
  Car ce n'est entre nous qu'une feinte.

AGESIE.

Oh sans doute.

Que l'Amant parle je l'écoute.

TAMTAM, à Chimca.

Et vous tenés vous à deux pas.

ARRIETTE, ma detto la mia mama.

   Son cœur d'abord palpite,
   Il veut ; mais il hésite,
   Il dit des mots sans suite,
   Certain trouble l'agite ,
   Il a peur de manquer d'égards
      Et la crainte
      Est peinte
    Dans ses regards.
   Bientôt l'amour l'inspire,
   Il vante les attraits :
Quels yeux charmans ! quels traits !

AGESIE.

Après

B iv

TAMTAM.

L'Amant foupire
Il l'ofe dire
Et l'aveu ne déplaît pas.   } *bis.*

Ainfi l'amour, pas à pas,
Pour engager, tend fes lacs.

AGESIE, *avec un peu d'émotion.*
La peinture intéreffe.

CHIMCA, *à part.*

Ah! ma pauvre Maîtreffe
Commence à fe troubler.   [*bis*]
Ah! ma pauvre Maîtreffe
Son cœur fe laiffe aller,
Se laiffe, laiffe, laiffe,
Se laiffe, laiffe aller.

TAMTAM.

Le cœur plus fort palpite,
On veut, mais on héfite,
On dit des mots fans fuite
Un nouveau trouble agite
L'amour brille dans les regards
Et l'audace
Chaffe
Les vains égards,
La belle fe retire
Et paroît fe fâcher.

AGESIE.
Eh mais !

TAMTAM.

L'amant foupire
Et fon martyre
Commence à la toucher.
La belle fe retire

AGESIE.
Eh mais !

TAMTAM.

L'amant soupire [*bis*]
Et saisit un bras.

AGESIE, *en soupirant.*

Après.

TAMTAM.

Doûcement il le flatte ,
Qu'il est rond, blanc & frais !
Ah ! quelle peau délicate !
Que je le baise,

AGESIE.

Mais

TAMTAM.

Quoi.

AGESIE *troublée.*

Quoi ?

TAMTAM, *baisant la main d'Agesie.*

Le tendre amant le baise.

AGESIE, *plus émue.*

Après ?

TAMTAM.

Et le rebaise ,
Elle s'appaise ,   } [*bis*]
Et ne se défend pas.]
Ainsi l'amour pas à pas ,
La fait tomber dans ses lacs.

CHIMCA, *à part.*

Ah ! ma pauvre Maîtresse !
Je la vois se troubler.
Ah ! ma pauvre Maîtresse ,
Son cœur se laisse aller
Son cœur se laisse, laisse, laisse ,
Se laisse, laisse aller.

[*à part.*] L'amour, je le vois bien, a plus d'une
 ressource,
(*à Agesie*). Maîtresse, si je rends la bourse,
 Vous rendrez aussi le baiser.

A G E S I E *s'appercevant de sa foiblesse.*

Il est vrai que c'est trop oser.

T A M T A M.

Eh bien, je vous adore, il n'est plus tems de
 feindre ;
 J'ai trop souffert à me contraindre.
 Si j'excite votre couroux,
 Que vos surveillans implacables
Punissent mon amour ; je me livre à leurs coups :
 J'attends la mort à vos genoux.

A G E S I E *tendrement.*

On auroit à punir à la fois deux coupables,
 Ah ! je le suis autant que vous.

C H I M C A.

Helas ! Et moi je ne puis l'être.

T A M T A M à *Agesie.*

Vous m'aimez ?

A G E S I E.

Sans aucun espoir ;
 Un Epoux, ou plûtôt un maître,
Ce soir doit m'obtenir ; quel funeste devoir !

TAMTAM.

Quel est l'Epoux heureux....

AGESIE.

Vous sçavez qu'à la Chine

On dispose de nous, sans nous faire sçavoir
La personne qu'on nous destine.

TAMTAM.

J'ignore aussi qui j'épouse ce soir :
Mais à l'instant je viens de recevoir
Le Portrait...

AGESIE.

Le Portrait ?

CHIMCA.

Voyons que j'éxamine.

TAMTAM *donnant le Portrait.*

Ah ! Je n'ai pas daigné le voir.

CHIMCA.

Ah ! Ma maîtresse, c'est vous-même.

AGESIE.

C'est moi ?

TAMTAM.

C'est vous !

CHIMCA.

C'est vous.

TAMTAM.
Mon bonheur est extrême.

SCENE VI. & DERNIERE.
AGESIE, TAMTAM, CHIMCA & XIAO.
(Entrant le sabre à la main.)

XIAO.
ARRIETTE.

Qu'il tombe, qu'il meure,
Qu'il meure sur l'heure,
Le traître, l'indigne,
Qui m'ose offencer.
L'affront est insigne,
Son sang va l'effacer.   [*bis*]
Il brave ma rage

Tamtam regarde Xiao d'un air content

Il comble l'outrage.   [*bis*]
Qu'il meure
Sur l'heure.

Agesie se met devant Tamtam.

O Fille sans ame
Tu crains pour l'infâme
Tu partage l'audace,
Partage le danger ;
Non, non , non point de grace
Je veux me vanger.

AGESIE.

Ecoutés nous.

XIAO.

Non , non quoi lorsque l'hime
Doit au jeune Tamtam unir ta destinée
Et réunir nos maisons pour jamais. ...

TAMTAM.

Eh ! Daignés au moins nous entendre.
Voulez vous tuer votre gendre ?
C'eſt moi qui ſuis Tamtam. La preuve eſt dans
    ces traits ;
Ce portrait vient de vous.

XIAO.

        Oh , oh !

CHIMCA.

          Faites la paix.

XIAO.

Comment avez-vous pû chez moi vous intro-
    duire ?

TAMTAM.

De tous , plus à loiſir, nous ſçaurons vous inſtruire,
Accordez-moi mon pardon.

XIAO.

        De bon cœur ;
Mais ſortez en ſecret. Si quelqu'un par malheur
Apprenoit que mon Gendre , avant le mariage
A ma Fille ait parlé , victime de l'uſage
Je ſerois malgré moi contraint de vous punir ;
La mode en tous climats eſt le tiran du ſage.
Allez vous preparer & je vais vous unir.

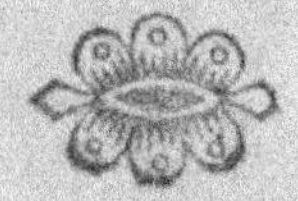

QUATUOR.

[ENSEMBLE.]

XIAO & CHIMCA.	TAMTAM & AGESIE.
Leur sort m'enchante ,	Leur sort m'enchante ,
Que chacun chante.	A mon attente ,
La , la , la , la , la ,	Tout répondra.
Que l'on embrasse	Je vous rends grace
Le cher Papa.	Mon cher Papa.

XIAO à *Agesie.*

Sois complaisante
Sois amusante ,

[TOUS.]

XIAO. 〈A mon
Les 3 autres. 〉A votre 〉 attente

Tout répondra.

XIAO , à *Tamtam,*

Et toi mon gendre
Sois toujours tendre.

TAMTAM.

Bientôt j'espere
Vous voir grand pere.

[ENSEMBLE.]

XIAO & CHIMCA.	TAMTAM & AGESIE.
A 〈 Mon 〉 attente	Mon sort m'enchante.
〈 Votre	Mon cher Papa.
Tout répondra.	

XIAO , à *Tamtam.*

Mon Fils sois sage
Fais bon ménage.

TAMTAM.

Son avantage
Me conduira.

XIAO.

Ah! je me pâme.

TAMTAM, *à Agesie.*

Ma chere Femme ,
Jamais ma flâme,
Ne s'éteindra.

[ENSEMBLE.]

XIAO & CHIMCA.	TAMTAM & AGESIE.
Que l'on embrasse	Je vous rend grace
Le cher Papa.	Mon cher Papa.

FIN.

APPROBATION.

J'Ai lû par Ordre de Monseigneur le Chancelier, LES CHINOIS, *Parodie*, & je crois que l'on peut en permetre l'impression, à Paris, ce 31 Mars 1756.

CREBILLON.

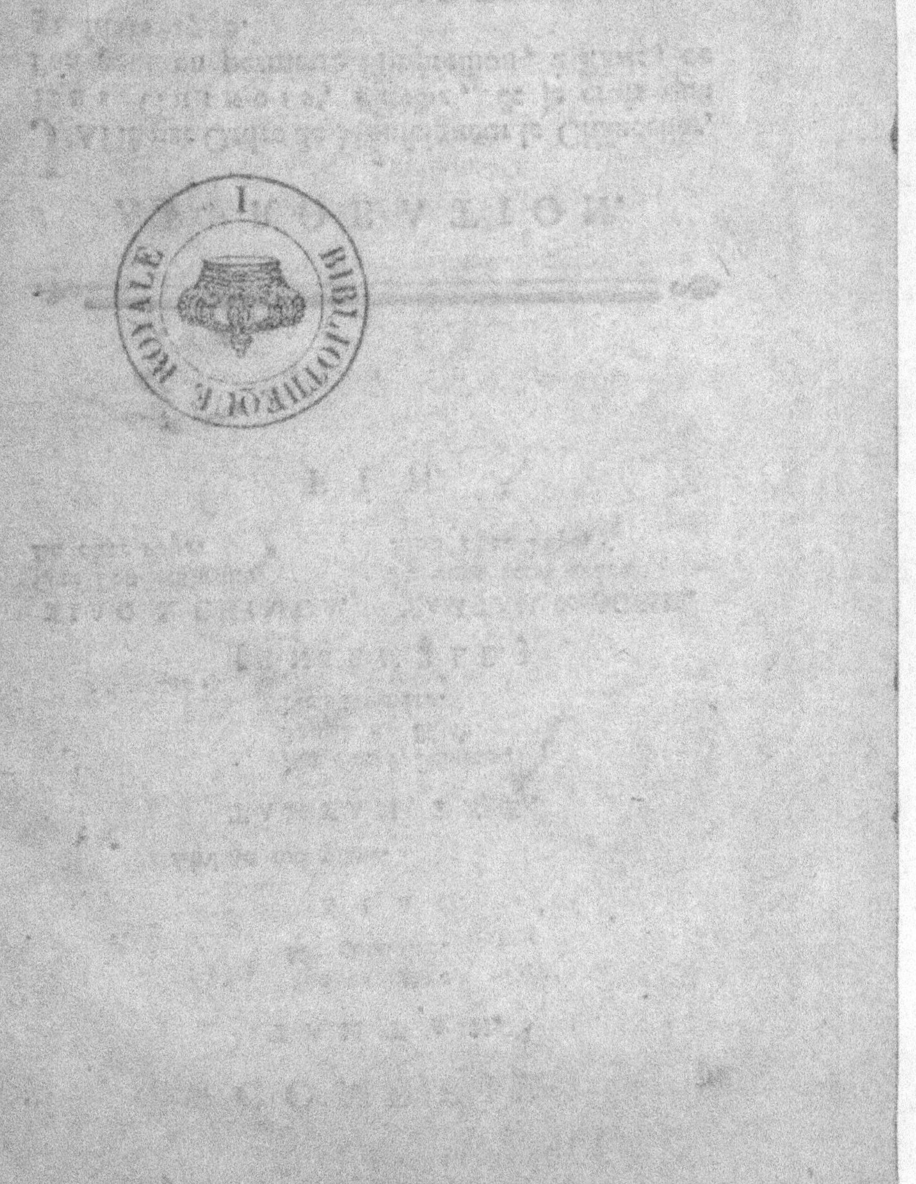

20

www.ingramcontent.com/pod-product-compliance
Lightning Source LLC
LaVergne TN
LVHW020625180726
843502LV00006B/1877